Vente du Jeudi 6 Février 1873

HOTEL DROUOT, SALLE N° 3

TABLEAUX

ET

AQUARELLES

DE L'ÉCOLE MODERNE

EXPOSITION PUBLIQUE

LE MERCREDI 5 FÉVRIER 1873

M⁵ CHARLES OUDART, COMMISSAIRE-PRISEUR

M. ÉMILE BARRE, EXPERT

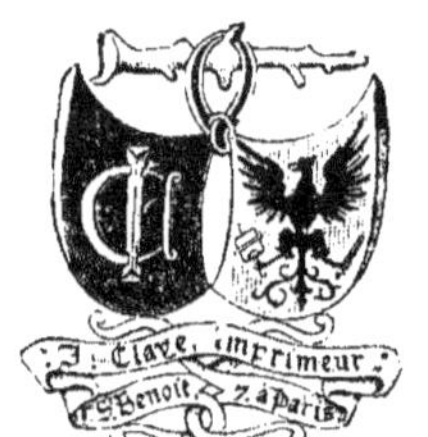
J. Claye, imprimeur
r. St Benoît, 7. à Paris.

CONDITIONS DE LA VENTE

Elle sera faite au comptant.

Les acquéreurs payeront, en sus de leur pri.: d'adjudication, *cinq centimes par franc*, applicables aux frais.

CATALOGUE

DE

TABLEAUX

ET

AQUARELLES

DE L'ÉCOLE MODERNE

DONT LA VENTE AURA LIEU

HOTEL DROUOT, SALLE N° 3

Le Jeudi 6 Février 1873

A 2 HEURES 1/2

———

PAR LE MINISTÈRE DE M° CHARLES OUDART, COMMISSAIRE-PRISEUR

31, rue Le Peletier

ASSISTÉ DE M. ÉMILE BARRE, EXPERT

20, Chaussée-d'Antin

Chez lesquels se délivre le présent Catalogue

———

EXPOSITION PUBLIQUE

LE MERCREDI 5 FÉVRIER 1873, DE 1 HEURE 1/2 A 5 HEURES 1/2

DÉSIGNATION

TABLEAUX

1. — BRAGER (Durand).... Marine.

2. — BAFCOP............. Le bon Capucin.

3. — BERGUE (Tony de)... Marine, effet de lune.

4. — BOUCHEZ .... Le Garde-chasse.

5. — BRACHO (Murillo)... Poires et Fraises.

6. — BRISSOT............. Le Berger (Pyrénées Orientales).

7. — BROWN (John-Lewis). Cavalier en promenade.

8. — CALS............... La Leçon de lecture.

9. — COCK (Xavier de)..... Paysage avec figures.

10. — COUDER (Alexandre). Bourriche de gibier.

11. — COUDER (Alexandre). Le Rat de ville et le Rat des champs.

12. — CORTÈS............. Animaux dans un paysage.

13. — CORTÈS............. Pendant.

14. — DELAMARRE .... La Pipe à opium (salon de 1872).

15. — DELAMARRE .... Chasseur à pied à Pékin.

16. — DELAMARRE .... Europe et Asie.

17. — DESHAYES (Eugène). Paysage.

18. — DUBASTY............ Le Petit blanchissage.

19. — DUVIEUX (Henri).... Venise, place Saint-Marc à droite, la Douane à gauche.

20. — FRANÇAIS........... Bas-Meudon, soleil couchant.

21. — FRANÇAIS........... Bas-Meudon, brouillard
du matin.

22. — FONVIELLE .... Environs de Paris.

23. — GIRARDET (Karl).... La Marne à Azy.

24. — GIRARDET (Karl).... Au bord du lac.

25. — GIRARDET (Karl).... Chemin de Wesen à
Amden, canton de
Saint-Gall.

26. — GIRARDET (Karl).... Paysage.

27. — GRANDCHAMP (de) .. Une Rue à Damas.

28. — GUDIN (Théodore).... Pleine mer avec radeau
sur la plage.

29. — GUDIN (Théodore).... Une Vague, bateau à
vapeur à l'horizon.

30. — LALAISSE .... Portrait de Stradella,
cheval de course.

31. — LEMOOR .... Retour de chasse.

AQUARELLES

64. — DAVID (Louis)........ Baigneuse (dessin re-
        haussé).

65. — DAVID (Louis)........ Baigneuse (pendant).

66. — DAVID (Louis)........ Le Repos dans le parc
        (mine de plomb).

67. — DAVID (Louis)........ Jeune Fille à la fon-
        taine.

68. — DAVID (Louis)........ Le Lever (dessin re-
        haussé).

69. — DAVID (Louis)........ Une Maison à Marlotte
        (mine de plomb).

70. — DECAMPS............ Le Grand-Père (mine
        de plomb).

71. — DELAROCHE (Paul).. Lise, vous ne filez pas
        (chanson de Béran-
        ger).

72. — DETAILLE.......... Soldat bavarois (encre
        de Chine).

73. — DUVIEUX (Henri) .... Paysage, effet d'hiver.

74. — ESBENS .... Le Nid d'oiseaux.

75. — FORT (Théodore) .... Cuirassier demandant sa
route à un paysan.

76. — FORT (Théodore) .... Jockey à cheval.

77. — FRANTZ............ Marine.

78. — GAVARNI............ Paysans écossais.

79. — GIRARDET (Karl).... Paysage (peinture à
l'huile, sous verre).

80. — GIRAUD (E.)........ Indiens à la pêche.

81. — HUBERT............ Paysage de la Suisse.

82. — HUBERT............ Paysage de la Suisse.

83. — HUBERT............ Chaumières en Norman-
die.

84. — TESSON............ La Caravane.

85. — VOILLEMOT......... Néréide poursuivie par
l'Amour.

86. — VOILLEMOT......... La Joueuse de timpa-
non.

87. — Saint Joseph et l'Enfant Jésus (aquarelle ancienne).

88. — Sous ce numéro, les tableaux omis.

Un Chevalet en bois de chêne.

Un Porte-cartons en bois de chêne.

Trois petits chevalets de table.

Un lot de bordures dorées.

Un lot de gravures et dessins.

PARIS. — J. CLAYE, IMPRIMEUR, 7, RUE SAINT-BENOIT. — [144]